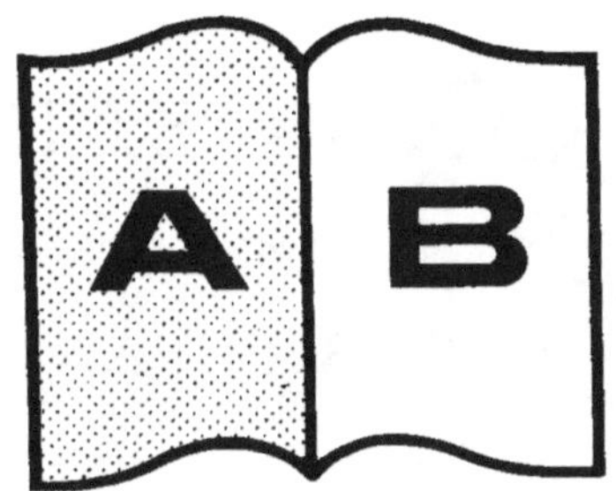

Contraste insuffisant
NF Z 43-120-14

LES

GRANDS SAINTS

DES

PETITS ENFANTS

LES GRANDS SAINTS
DES PETITS ENFANTS
LÉGENDES
EN IMAGES PAR
ET. MOREAU-NÉLATON
Léon CHAILLEY
éditeur
PARIS 1896
IMPRIMÉ PAR CHARLES VERNEAU — PARIS

A MES ENFANTS

Les légendes sont la poésie de l'histoire. Ce sont autant de fleurettes qui parfument les feuillets des mémoires de l'humanité. Quand on entr'ouvre la Vie des Saints, il s'en échappe un bouquet de couleur brillante et variée. Bréviaire à la fois des âmes simples et des esprits délicats, récit évangélique et souvent angélique aussi, ce livre est par excellence le livre du cœur. Enfants candides, c'est le vôtre. C'est pour vous que j'y ai puisé quelques-unes de ces traditions pittoresques que vos aînés se sont répétées et que des oreilles adultes accueilleront familièrement. Les grands saints que voici sont ceux-là mêmes dont nos aïeux se sont plu à prodiguer l'image au portail des églises et dont la figure amie décore le mur des chaumières dans les villages de la vieille France. Inséparable des lieux où il s'est attaché, leur souvenir vit sur le sol de notre pays comme une plante invétérée, retenue solidement par de vieilles et profondes racines. Chaque province revendique particulièrement son patron et sa légende : il y a des saints du Nord et des saints du Midi. Mais aujourd'hui le béret du montagnard béarnais, le grand chapeau de l'Auvergnat ou la casquette du paysan briard se lèvent dans un même salut respectueux et filial devant le drapeau de la patrie commune. Le jour n'est pas loin où, dans la phalange bénie, la figure populaire de la vierge de Domrémy évoquera la cordiale union des enfants de la grande famille française.

SAINT CHRISTOPHE

Le Jourdain, un instant paresseux et somnolent, s'attarde en minces filets limoneux, qui serpentent dans les buissons parfumés des lauriers. Mais ce gué est traître. Malheur au voyageur confiant qui s'y risque. Il perd pied et le torrent l'emporte. Heureusement, Christophe veille. Sa taille plus qu'humaine défie les caprices de la rivière; et il va, d'une rive à l'autre, les épaules chargées : tel un cheval portant un oiseau. Géant au cœur d'enfant, Christophe prie le bon Dieu de tout son cœur: et il dit qu'il voudrait bien un jour le voir. Comme il dort sur la grève, il s'entend héler par une petite voix : « Christophe, viens me faire passer la rivière. » Il charge lestement sur son dos le frêle voyageur qui l'appelle; et il part à grandes enjambées. Mais, à mesure qu'il marche, le poids semble devenir plus lourd, si lourd qu'il s'appuie péniblement sur son bâton et n'atteint qu'avec grande peine et fort lentement l'autre côté de l'eau. Enfin, comme il touche au but, il se tourne vers l'enfant. « Sais-tu, lui dit-il, que tu m'as mis en grand embarras. Je n'ai jamais subi fardeau plus lourd. Il m'a semblé que je portais le monde. » A ce moment, le petit voyageur parut brillant d'une grande clarté et, levant le doigt, répondit : « Ne t'étonne pas, Christophe; car, non seulement tu as eu le monde sur tes épaules, mais aussi Celui qui a créé le monde. Je suis le Christ Jésus. Tu désirais voir le bon Dieu. Es-tu content? Afin que tu ne doutes pas de ma parole, plante ton bâton là, dans le sable; demain, tu le verras se couvrir de feuilles. » Et aussitôt il disparut. Christophe enfonça son bâton dans le sable et, le lendemain, il le vit transformé en un palmier fleuri et couvert de dattes.

————◄✦►————

SAINT JACQUES

Quand Jésus fut mort sur la croix, les Pharisiens se dirent : « Enfin, nous voilà tranquilles. » Mais bientôt ils apprirent que le tombeau où il avait été déposé était vide et qu'une femme racontait qu'elle avait vu de ses yeux le Galiléen ressuscité. L'émotion fut grande et le tétrarque allait répétant : « Nous n'en finirons donc jamais! » Il donna des ordres pour que la police surveillât du plus près tous ces parleurs de néant, qui échauffaient les esprits avec leurs histoires de revenants.

De ce nombre, et parmi les plus suspects, étaient les fils de Zébédée, ces pêcheurs de Tibériade qui avaient quitté barque et filets pour s'attacher aux pas du maître; et surtout l'aîné, celui qu'on appelait Jacques le Majeur. C'était un homme nerveux et passionné, que les violences attiraient. Il exultait lorsque Jésus se laissait aller à sortir de sa mansuétude habituelle et prenait le ton menaçant des vieux prophètes. Quand il parlait, lui, c'était comme s'il eût tiré l'épée, comme s'il eût allumé des torches incendiaires. Il en voulait à ces riches sans cœur qui ne songeaient qu'à jouir de la vie et n'avaient cure de leur prochain. Et sa voix prenait contre eux des accents terribles. « Vous qui vivez dans les délices et dans le luxe, aimait-il à jeter au visage des Pharisiens, vous êtes comme des victimes qui s'engraisseraient elles-mêmes pour le sacrifice. » Ceux-ci ne tolérèrent pas un ennemi aussi provocant. Jacques sentit le danger; il partit. Pendant des années, il voyagea. Le hasard de ses pérégrinations le conduisit au pays des Ibères, qui occupaient alors l'Espagne. Il apprit leur idiome et il alla parcourant cette terre de bourgade en bourgade, s'arrêtant sur la place des villages pour haranguer les indigènes. On n'avait jamais entendu un langage pareil; car il répétait, avec force arguments à l'appui, la parole de Jésus quand il disait que « les premiers seraient les derniers et que les derniers seraient les premiers ». Son verbe était hautain, son ton sans réplique; et volontiers il se rappelait le précepte du Maître conseillant à ses disciples de secouer la poussière de leurs souliers avec mépris sur un auditoire hostile ou sceptique. Cette fière attitude conquit la fière race espagnole.

Quand Jacques eut touché de son bâton de pèlerin les rives de l'Océan, il revint sur ses pas. Il regagna les bords du grand lac bleu dont les eaux gardent un peu de la lumière du soleil d'Orient. La nostalgie de la terre natale s'empara de cette âme errante. Il ne résista pas à l'élan de son cœur, qui le rappelait là-bas. Peut-être bien aussi son humeur batailleuse s'accommodait-elle d'un défi jeté à ses anciens ennemis. Aussi bien, il les brave à plaisir. Il nargue la police. Il crie quand on lui dit de se taire. A la fin, le proconsul averti dit que c'est trop fort, qu'il n'en veut plus, de ce révolutionnaire. Dix hommes se jettent sur lui et, il a beau se débattre : on l'assomme.

Tandis que quelques forcenés, s'acharnant sur leur victime, l'abîment à coups de bottes, une voix dit : « Le mettrons-nous en terre ici? Ils sont capables, ces insensés, de le déterrer pour simuler un miracle. Rappelez-vous ce qu'ils ont fait naguère pour Jésus de Nazareth. — Eh bien, commande le chef de la bande, noyez-le, ce cadavre. Le vent souffle en tempête; la mer est furieuse. Elle en fera son affaire. » On le porte au rivage. On détache une barque amarrée sur la grève. Les vagues l'entraînent. Elles sont hautes comme des montagnes. La frêle embarcation monte et descend dans un flot d'écume. Elle va disparaître. Mais non : les unes après les autres, les grandes collines vertes et bleues balancent la relique flottante sans la violer par un contact brutal. Le vent pousse à l'arrière et caresse la coque légère, qui glisse entre les remous dans la brume. La nuit tombe, une nuit froide et maussade. Mais voici déjà des falaises qui se dessinent à l'horizon. C'est le rivage de l'Espagne, la côte de Galice, où Jacques a jeté pour la première fois le nom de Jésus en y plantant sa divine croix. La barque s'y échoue doucement. Des mariniers, attirés par cette épave, ont reconnu leur apôtre : « Dieu nous l'a rendu, pensent-ils. C'est que personne mieux que nous ne saurait honorer sa mémoire comme elle le mérite. »

En effet, une grande église s'éleva là, sur le lieu même de la sépulture de Jacques: on vint la voir de tous les pays du monde. Et, comme il s'y faisait des miracles, le sanctuaire de Saint-Jacques de Compostelle devint aussi fameux, dans la suite des temps, que Rome et les lieux saints de la Palestine.

SAINTE MARTHE

Tarascon, la ville du roi René, dont le vieux château grillé du soleil se mire dans le Rhône, tire son nom et sa popularité de la Tarasque, l'hydre provençale qui fut domptée par sainte Marthe. Chaque année au printemps, la vieille cité convie ses sœurs de la vallée, Arles, Avignon, Beaucaire, Carpentras et les autres, à des fêtes où félibres et tambourinaires se donnent rendez-vous; la jeunesse y promène les caprices de l'antique farandole; et, surtout, on sort la *bête* : monstre en carton celui-ci, mais dont la queue, pour perpétuer la tradition légendaire, renverse trois hommes à la fois. La coutume est ancienne et se rapporte à ces âges héroïques où l'homme était plus près de Dieu, qui lui-même s'abaissait jusqu'à sa créature.

Quelque temps après le drame sanglant du Calvaire, un bateau à la dérive avait apporté sur la côte de Provence une poignée de Galiléens fugitifs. C'était Lazare, le ressuscité de Béthanie, qui fut l'apôtre de Marseille. C'étaient aussi ses sœurs, Marie et Marthe. Cette dernière remonta le Rhône et parcourut les campagnes où chante la cigale. Fleur d'espérance et de paix, le nom de Jésus rayonnait sur ses lèvres amies et, dans la joie radieuse du ciel bleu, son bras promenait le gage sacré de la Rédemption. La semence évangélique germa sur ses traces dans la terre ardente de Provence. L'ombre des bois sacrés frémit sous l'eau bénite et l'écho des cyprès païens s'étonna de répéter le nom de la Vierge immaculée.

En même temps, il sembla que Dieu faisait appel à l'Enfer pour jeter l'homme dans les voies de sa Providence. Un monstre apocalyptique sortit, un jour de malédiction, de l'écume du fleuve. Pareille au feu qui tombe de la nuée d'orage, la Tarasque émergea du Rhône débordé. Fantastique assemblage de créatures dissemblables, elle tenait du serpent et du lion; légère comme un cerf, gloutonne et féroce comme le requin. Des pattes de sanglier portaient un corps de poisson. Sa gueule était une forêt de dents acérées; le fouet de sa queue tranchait comme l'acier d'une faux. Au gré de sa fantaisie malicieuse, cet amphibie infernal s'attaquait soit aux paysans dans les champs, soit aux mariniers sur la rivière. Irrésistible pirate, il pillait les chalands ou bien, gigantesque sauterelle, il abattait sa rage dévastatrice sur blé, maïs et oliviers.

Comme, sur une mer furieuse, le marin désemparé cherche un phare dans la brume, la détresse jette aux pieds de Marthe la Provence désespérée. Le clair regard de la sainte femme dit : « Prenez courage. » Elle marche vers le petit bois où grincent les dents menaçantes de la Tarasque. Sa main, qui porte au bout de son bâton la symbolique image de la croix du Sauveur, présente au monstre le divin talisman. L'animal fasciné courbe le dos sous l'exorcisme et le feu de son œil cruel s'éteint. Ainsi qu'un agneau suit la houlette du berger, il suit sa dominatrice. Marthe l'emmène et, s'adressant à la foule mal assurée encore de son bonheur : « Peuple, voici ton ennemi, » dit-elle. Aussitôt, les pierres volent, les bâtons frappent et la bête s'effondre dans une mare de sang.

SAINTE GENEVIÈVE

Lutèce étage ses maisons au flanc des coteaux qui dominent les lacets de la Seine, blanche dans les forêts bleues. Sur la rivière, le bateau des mariniers promène la gaieté légère de sa voile carrée, emblème de la grande cité parisienne, que la tempête agitera, mais que le flot ne submergera pas. Les berges sont des pâturages qu'engraisse l'alluvion et la cognée du bûcheron, attaquant vigoureusement les grands chênes qui couronnent les plateaux, prépare l'œuvre de la charrue : un sol neuf et puissant couve le germe fécond de l'épi doré. Dans un grand effort printanier, la sève pousse et les espérances fleurissent. Symbole de la foi nouvelle qui rayonne dans ce renouveau, une modeste croix de bois trahit le clocher de l'église, timide encore, mais fier des promesses que chante son carillon.

Mais l'éclat de cette aurore s'assombrit tout d'un coup. Comme une nuée d'orage dans la joie d'un ciel pur, Attila arrive. Les Huns, dont il est le roi, l'ont suivi du fond de l'Asie jusqu'en ces terres bienheureuses de l'Occident, dont la richesse a tenté leur convoitise barbare. Leur humeur nomade s'accommode mal du travail, qui fait fructifier le sol et nourrit l'homme. Les chevaux sauvages, que leur main a domptés, les apportent, parasites maudits, ainsi que le vent du désert jette sur les blés mûrs l'armée des sauterelles. Une immense terreur les précède. On parle avec effroi de ces hommes au teint pâle, au visage aplati et glabre, dont la voix est rauque et dont l'œil ne sourit pas. La déroute et la panique leur livrent le cœur même de la vieille Gaule. Fléau de Dieu, comme il s'est nommé lui-même, le farouche Attila commande à la mort, qui lui obéit et suit ses pas. Il arrive. Des fuyards l'annoncent. Et déjà, à l'horizon, on aperçoit la fumée des incendies allumés par cet ennemi cruel, dont la torche est le fidèle auxiliaire On va répétant : « Nous sommes perdus; » et les plus résolus ne songent même pas à préparer leur défense.

Cependant, une fillette, qui garde les moutons dans la plaine de Nanterre, regarde, elle aussi, ces épaisses fumées noires, sombre et trop imminent présage. Cette enfant se nomme Geneviève. Ses parents l'envoient chaque jour conduire son petit troupeau aux champs. Elle y demeure de longues heures, toute seule, enveloppée dans une petite mante de laine brune. Son œil rêveur se perd dans une muette contemplation. Souvent, ses mains se joignent pour prier. Et on l'a vue façonner une petite croix avec de petits bâtons, puis se mettre à genoux, le regard attaché à l'image bien-aimée. Sa piété se traduit dans un langage touchant. « Je ne suis jamais si heureuse, dit-elle, que quand je suis toute seule; car, alors, j'ai tout loisir pour causer à mon aise avec le bon Dieu. » Un jour, elle a vu passer dans sa solitude la mitre de deux évêques. Saint Germain d'Auxerre et saint Loup sont venus apporter leur bénédiction épiscopale aux jeunes cités de la Seine. Comme la petite bergère s'avance pour baiser l'anneau pastoral, on remarque sa gentillesse; en même temps, la simplicité angélique de son cœur se révèle dans ses réponses, quand saint Germain l'interroge. L'évêque en est ému. « Voilà une sainte petite fille, dit-il. Elle est telle que ces élues du bon Dieu, dont il se sert pour accomplir les desseins de son impénétrable sagesse. »

Prophétique discours, qui se vérifia au jour de l'angoisse. Tandis que la cité affolée perd courage, Geneviève seule espère et dit : « Ayez confiance; Dieu détournera de vous son fléau. » Elle sait que ce Dieu n'abandonnera pas son peuple, si ce peuple se repose en lui, comme il convient que des enfants se confient à leur père. Sa foi robuste s'impose. Les têtes se relèvent et regardent en face avec assurance. L'enfant triomphe. Car un bon vent emporte l'orage. Attila tourne bride. Paris est sauvé.

SAINT DENIS

La fidélité de la mémoire d'un peuple se traduit par la perpétuité des appellations géographiques relatives à ses origines. Paris en donne un vivant exemple. La colline gardienne du cœur même de la vieille cité porte le nom de sainte Geneviève, la pastourelle inspirée qui détourna l'ouragan auquel, fleur trop tendre alors, elle n'eût pas résisté. En face, c'est Montmartre ou la montagne des Martyrs. Ces martyrs sont les premiers apôtres du Christ en cette terre d'élection. Sur la butte, comme on dit, où coula ce sang béni, de timides rejetons des frondaisons passées se risquent encore à fleurir, au printemps, les derniers talus respectés par la bâtisse. Nos grands-pères montaient là-haut manger la traditionnelle galette au pied des vieux moulins aux ailes grinçantes. Montons-y à notre tour. Sur la cathédrale de pierre qui s'élève au sommet, l'image symbolique du cœur de Jésus rappelle à présent les angoisses récentes et à peine calmées du cœur même de la France. Cette église nouvelle nous invite à contempler avec elle le levant et à sonder l'avenir. Mais, auparavant, tournons-nous d'autre part. A nos pieds, cet autre clocher que le temps a patiné, mais dont la fumée du charbon moderne ne ternit pas la glorieuse renommée, ces deux tours et cette rosace rayonnante, c'est la basilique de Saint-Denis, la nécropole de la vieille royauté française. L'histoire même de notre France s'abrite sous le vocable du décapité de Montmartre.

Les armées romaines tenaient garnison sur les rives de la Seine, que les Gaulois n'avaient pas su garder pour eux tout seuls. Le scepticisme cosmopolite des légats impériaux faisait par principe la vie douce à tout le monde. Il tolérait le druide à côté du pontife de l'Empereur, confiant dans l'œuvre du temps pour donner à ce pays, comme à tant d'autres, les dieux mêmes de Rome et de l'Empire. Mais, un jour, des fourgons d'une légion nouvelle, débarque une bande de loqueteux, chargés par pitié à une dernière halte. Ce sont gens au teint mat, noirs de cheveux et de barbe, qui parlent le latin avec un accent étranger. Ils se dissimulent modestement ; mais la curiosité, puis la sympathie attirent autour d'eux une foule toujours renouvelée. Leur langage insolite a fait rire d'abord ; au bout de quelques jours, on n'a plus fait attention à leurs locutions bizarres et à leur discours mêlé d'hellénismes et d'images orientales. Ils prêchent de si belles choses et de si neuves. Ils parlent d'un royaume qui n'est pas de ce monde. L'un crie, d'une voix vibrante : « Ouvrez votre cœur à la tendresse. Aimez-vous les uns les autres ; et vous serez les enfants élus de notre Père qui est aux cieux. » Comme un mauvais plaisant s'est moqué et lui a frappé la joue en manière de dérision : « Frappe également l'autre, a-t-il crié à ce méchant ; je te pardonne d'avance, comme mon bon seigneur Jésus pardonna à ses ennemis. » — « Quels sont ces gens ? » répète-t-on de plus belle. — « Moi, dit alors le plus hardi, je suis Denis l'Aréopagite, disciple de Paul, qui prêcha dans Athènes, envoyé qu'il était par Jésus, fils de la Vierge Marie. Je suis venu ici, avec mes compagnons Rusticus et Eleutheros, pour vous annoncer la bonne nouvelle, et vous apprendre qu'il est un Dieu en trois personnes, mort sur la croix pour notre salut, et que, par les mérites de ce Dieu, vos péchés vous seront remis, si vous faites pénitence. »

A quelque temps de là, on se montrait du doigt dans la campagne un petit groupe bigarré d'ouvriers et de soldats qui, rassemblés au pied d'une croix en bois, attendaient la bénédiction de ce jeune Hellène au profil sévère. Celui-ci, revêtu des insignes épiscopaux, la mitre blanche sur la tête, le pallium consacré autour du cou, disait : « Recevez la paix que mon Père vous envoie. » A ce même moment, un centurion goguenard, conduisant un peloton de soldats avinés, interrompait bruyamment le chant des cantiques : « Appelle ton Dieu à ton secours, Denis ! Dis-lui qu'il te rende ta tête ; car nous allons la faire sauter, cette tête de hâbleur. Prends cet homme, Marcus, et finissons-en ! » Et il désigne un légionnaire qui porte une hache. Marcus empoigne l'évêque, le jette à terre, et, avec un juron, lui tranche le cou. La tête mitrée roule comme une boule à quelques pas de son corps. Les soldats ricanent. Mais voilà que ce cadavre décapité se redresse tout debout ; ses mains se tendent en avant, ramassent le chef sanglant et décollé. Et, à présent, c'est une troupe stupide et atterrée qui regarde passer ce mort vivant, éclatant témoignage de la toute-puissance divine.

Ceci se passait sur la *butte*. Denis descendit vers la plaine. Après avoir marché quelque temps, il s'arrêta, déposa sa tête par terre, se coucha à côté et s'assoupit dans le sommeil de l'éternité. C'est à cette place que, sur les conseils de la petite Geneviève, les Parisiens bâtirent l'église commémorative du martyre et du miracle.

SAINT MARTIN

Un jour qu'il faisait bien froid, bien froid, que la terre était toute couverte de neige, un pauvre vieillard grelottait au bord d'un chemin, presque nu. Un cavalier vient à passer : un soldat de la garnison romaine d'Amiens. Son cheval serre les oreilles et presse le pas. Lui-même n'a pas chaud ; et il s'enveloppe frileusement dans son manteau. Mais la main tremblante du mendiant se tend vers lui. Il s'arrête. Son cœur est ému de pitié. Soldat sans fortune, il tâte désespérément sa bourse vide. Cette main suppliante, c'est la main même du Seigneur, qui a dit : « Tu aimeras ton prochain comme toi-même. » S'il ne possède rien d'autre, il a du moins son manteau à partager. Il tire son sabre, en tranche un morceau et le tend au vieillard, dont la figure ridée s'illumine et qui couvre ses épaules transies en bénissant son bienfaiteur.

La nuit suivante, au camp, le petit soldat dormait quand, dans un songe, il vit Jésus venir à lui. Jésus tenait sur sa poitrine le morceau de manteau qu'il avait coupé pour le donner au malheureux. S'adressant à lui, il lui dit : « J'ai eu froid et tu m'as vêtu. » En même temps, il sourit et lui tendit la main.

Ce jeune homme se nommait Martin. Il avait dû s'engager contre son gré. Son père l'avait forcé à entrer dans l'armée. Lui n'aimait pas faire la guerre. Dès qu'il eut fini son temps, on ne put le retenir. D'humeur pacifique, de cœur tendre, il ne voulait être que le *soldat de Jésus-Christ*. Évêque de Tours, il gagna de pacifiques batailles ; il baptisa la moitié de la Gaule. Sa vie fut un constant exemple des vertus évangéliques. Après son manteau, il donna aux pauvres tout son bien et toute son âme.

SAINTE BARBE

Là-bas, dans la chaude lumière de l'azur asiatique, une vieille tour baigne son mur roussi dans la vague, qui, mollement, caresse son pied. C'est là que fut enfermée sainte Barbe, martyre chrétienne. Jeune, rêveuse et tendre, elle a écouté avec passion la parole ardente d'un de ces apôtres qui prêchent au nom du Dieu fait homme, dont le sang rachète les péchés de l'humanité. Son esprit enchanté garde fidèlement ces merveilleux discours. Mais sa joie est d'en raviver le souvenir par la lecture du livre qu'elle a reçu avec le baptême.

Son père, un de ces Pharisiens sans entrailles qui trouvent la vie bonne parce qu'ils ont du bien, traite de chimère insensée la divine commisération qui, de la Galilée, envahit le monde. Sa fille chrétienne, c'en est trop! Si elle ne renonce d'elle-même à sa folie, il lui fera payer son entêtement. « Je t'enfermerai, dit-il, dans ma grande tour; et je t'y laisserai jusqu'à ce que la raison te revienne. » Elle entre sans résistance dans la triste prison; elle dit adieu à la gaieté de la lumière céleste, au spectacle joyeux des créatures du bon Dieu. Son courage ne faiblit pas. Dans les ténèbres du cachot, sa foi lui fait entrevoir un miracle.

Et en effet, la porte s'est à peine refermée sur l'auguste prisonnière qu'un immense craquement secoue les murs. La tour se fend de haut en bas. Les pierres s'écartent, comme la mer Rouge pour laisser passer Moïse. La vierge est délivrée. Sur le rivage voisin de la ruine miraculeuse, elle retrouve, par un prodige nouveau, le livre bien-aimé, l'ami divin, le confident de ses pieuses rêveries. Loin de songer à fuir le ressentiment de son maître, elle demeure là; son esprit s'envole dans les songes bleus, porté par l'aile des anges. Elle est sourde aux cris de rage de son père qui arrive, brandissant la menace de son grand sabre. Le bourreau frappe et elle meurt, comme elle a vécu, dans un rêve.

Sainte Barbe est la patronne des mineurs qui font sauter les murs, des pompiers qui les attaquent avec la pioche, des artilleurs qui les bombardent et les renversent à coups de canon.

SAINT HUBERT

Le crépuscule assombrit le mystère bleu des futaies silencieuses. Les oiseaux sont couchés et le bois s'endort. La voix mélancolique d'un chien de chasse scande sa course lasse à travers les fourrés. Dans le carrefour solitaire, un chasseur arrête son cheval et, l'oreille tendue, attend. Soudain, une vive lumière éclate dans la clairière que son œil interroge. En même temps, un dix-cors de haute taille présente le défi de son altière ramure. De mémoire de veneur, on ne vit cerf plus beau. Mais quel est ce prodige ? Entre ses deux bois brille une croix de feu. De la rivière d'Aisne à la forêt des Ardennes, il n'est pas de plus intrépide coureur de broussailles que Hubert d'Aquitaine. Jamais on ne l'a vu hésiter devant la dent du loup ou le boutoir du sanglier. Mais, ce soir, il perd contenance. Son épieu lui tombe des mains ; il se jette à genoux et balbutie une prière.

Cette nuit même est celle où l'Église va chanter l'*Alleluia* de fête et célébrer la naissance de l'Enfant Jésus. Sa femme, une sainte épouse, a voulu le retenir, l'emmener avec elle à la crèche de Noël. Sans égard pour sa douceur suppliante, il a sifflé ses chiens et il est parti en forêt. Digne fils de ces barbares que la pourpre romaine déguise, mais n'apprivoise pas ! Il fallait un miracle pour plier cette âme de fer. Il pleure maintenant, ce sauvage ; et ses larmes sont des larmes d'enfant candide et naïf. Terre sans culture, que les épines ont envahie ; terre neuve qui, défrichée, donnera des fruits incomparables.

De ce jour, daims et chevreuils n'entendront plus le cor de cet infatigable cavalier rallier sa meute sur leurs traces fuyantes. Hubert, l'esprit inquiet, reçut le baiser de paix de l'apôtre saint Lambert. Saint Lambert lui enseigna à pratiquer, à l'exemple du Dieu de Bethléem, les grandes vertus d'humilité et de charité. La croix de feu ne cessa d'illuminer le cœur qu'elle avait frappé. L'homme de la nature devint l'homme de Dieu. Il fut évêque et sa main sacerdotale fut, à son tour, choisie par le Tout-Puissant comme instrument de ses miracles.

SAINT FIACRE

Dans la campagne poudreuse, une forêt capricieuse de sauges et de bouillons blancs, mêlant la chanson bleue et jaune de sa libre floraison, crie l'opulence impatiente d'un sol délaissé et la négligence coupable du maître de ce sol. Un homme à barbe blanche, besace au dos, courbe sur un bâton de voyageur son échine lasse et s'arrête au bord de ce champ d'ivraie. « Dieu donna sa terre à Adam, dit-il, et lui enjoignit de la faire fructifier à la sueur de son front. Malheur au peuple qui oublie le commandement du Seigneur. » L'évêque de ce pays passait par là. La malédiction du pèlerin, frappe son oreille et son cœur pastoral saigne sous le fouet de la menace. « Qui que tu sois, vieillard, dit-il, d'où que tu viennes, que le ciel te bénisse ! Car ta bouche parle le langage de la sagesse. Dieu revêt d'une parure éclatante et remplit d'un parfum flatteur la fleur sauvage de nos campagnes. Mais il n'a point permis que la plante qui charme les sens de l'homme suffît à sa nourriture et favorisât sa paresse en comblant ses besoins. Si ton bras est vigoureux comme ta parole est éloquente, cette lande est à toi. Prends une bêche et trace toi-même ton domaine. »

A ces mots, la tête chenue du voyageur rayonne de joie. A peine, du bout de son sabot, a-t-il fait sauter une première motte de terre que l'outil vole entre ses mains. Une force mystérieuse décuple l'énergie de son bras. Il bêche sans repos et sans fatigue, et, quand la nuit vient, ce sont des lieues et des lieues qui lui appartiennent par droit de conquête.

Telle est l'origine de l'ermitage de saint Fiacre, le premier ermitage de la Brie. Nouveau Chanaan, cette terre bénie paya en belles moissons le zèle patient et appliqué du solitaire. Chaque année, il conduisait au moulin une lourde charge d'épis et, comme il en rapportait de gros sacs de farine, on n'a pas souvenance qu'il ait refusé l'aumône d'un morceau de pain à la troupe sans cesse renouvelée des solliciteurs qu'attirait le clocher de sa chapelle.

En même temps, le divin sourire d'un parterre fleuri fut le confident de son cœur expansif. Il sarclait ses œillets avec orgueil, comme une mère se complaît à la parure de son enfant ; il ne touchait à un bouton de rose qu'avec l'émotion du prêtre qui partage l'hostie consacrée. Aussi bien, Dieu vivait pour lui dans ses fleurs. On vit ses lèvres, effleurant les pétales d'un lys, offrir au Créateur l'ardent hommage de sa naïve tendresse.

SAINT FRANÇOIS D'ASSISE

Un moine au froc brun, pieds nus, la corde aux reins, chemine en chantant. Le soleil chauffe et le moine François dit dans sa chanson : « Soleil, mon frère, que tes rayons, dansant dans la lumière, glorifient avec nous le bon Dieu notre père. » Un sourire joyeux illumine sa figure. Il va parmi les hommes sans souci des passions qui les agitent. Jadis il a été, comme tant d'autres, léger, prodigue ; et sa jeunesse fut folie. Aujourd'hui, son cœur ne reste sur la terre que pour y chercher l'image du Créateur dans toutes ses créatures. Il chante encore : « Soyez loué, mon Dieu, par la lune et les étoiles, que vous avez faites si brillantes et si belles, par le vent, les nuées, l'eau des rivières et le bois des forêts. » A sa voix répond le gazouillement des oiseaux. Sur la route, moineaux et alouettes se poudrent en picorant ; et la tourterelle volette du pin, où elle a fait son nid, au cyprès, dont la graine mûrit pour ses petits. François s'arrête. Il s'asseoit au bord du chemin. « Oiseaux, mes amis, que Dieu a faits si beaux, à qui il a donné un si joli langage, écoutez-moi. » Comme il parle, les ailes de toutes couleurs se mêlent à ses pieds. « Vous aussi, mes frères, vous devez remercier le Créateur et célébrer sa gloire. Il vous a chéris entre toutes ses créatures. Depuis le jour où vos parents ont reçu asile dans l'arche de Noé, que votre vie est heureuse ! Vous avez tous double et triple vêtement pour n'être pas brûlés en été par le soleil, gelés en hiver par les frimas. Vos ailes délicates vous portent, au gré de votre caprice, de la montagne à la vallée, et vous permettent d'échapper à vos ennemis. Vous n'êtes point obligés pour vivre de semer ni de moissonner ; vous trouvez votre nourriture en toute saison dans les champs et dans les bois : l'eau des rivières et des fontaines se renouvelle sans cesse pour vous abreuver. Et, pour faire votre nid, pour vous reposer quand vous êtes fatigués, vous avez les arbres aux ramures chantantes. Oiseaux, ne soyez pas ingrats ; louez le bon Dieu. » Les oiseaux ont écouté ce discours, le cou tendu, les yeux fixés sur la bouche qui parle. A présent, ils s'agitent, battent de l'aile, remuent la tête, font de petits cris, ils semblent causer tous ensemble et se féliciter de ce qu'ils viennent d'entendre. Le bon moine est heureux, charmé de la familiarité qu'ils lui témoignent en sautant sur son épaule ou sur ses genoux. Il les caresse de la main ; puis, pour ne point lasser leur attention : « Allez-vous-en, dit-il ; allez chanter. » Il fait sur la troupe qui s'agite devant lui le signe de la croix. Ils s'envolent et, comme s'il avait de sa main tracé à chacun son chemin, ils se divisent en quatre troupes, portant au Nord et au Midi, à l'Orient et à l'Occident, la joie de leur chanson.

SAINT LOUIS

Le bon roi Louis est sorti à l'aube. Il chemine au bord de la rivière, marchant allègrement dans l'air frais du matin. Auparavant, il a été faire sa prière dans sa chapelle bien-aimée, au beau clocher neuf qui s'élance dans le ciel bleu. Il a présenté aux fidèles lui-même la couronne d'épines, et, en la reposant dans sa châsse, à genoux devant la précieuse relique, il a dit : « Mon Dieu, donnez-moi votre divine grâce, non pour moi, mais pour ce peuple qui est le vôtre. »

Comme les rois de France ses ancêtres, saint Louis a reçu du Ciel un don miraculeux : sa main guérit les *écrouelles*, vilaine maladie qui couture la peau fine de l'enfance et que le médecin est impuissant à conjurer. La mère, qui voit les terribles humeurs ronger la gorge de son petit, épie le passage du bon saint roi. Lui de sourire à cette douleur confiante. Puis, il fait le signe de la croix et, touchant de ses doigts les plaies vives : « Ce n'est pas le roi de France, dit-il, c'est le roi du Ciel qui te guérit. Remercie le bon Dieu ! »

SAINT ROCH

Saint Roch naquit, vers l'an 1300, de parents nobles et riches. Son père habitait, à Montpellier, une belle maison, avec beaucoup de serviteurs et tenait table ouverte. Orphelin dès l'âge de vingt ans, il aurait pu mener large vie ; car il avait hérité de beaucoup de bien. Mais la richesse lui pesa comme un fardeau ; il dissipa en aumônes tout ce qu'avaient amassé ses ancêtres. Quand il n'eut plus rien à lui, heureux de la sainte pauvreté qu'il avait convoitée comme un trésor, il prit l'habit et le bâton du pèlerin et partit pour le tombeau des apôtres.

Son âme s'ouvrait à la pitié ainsi que la fleur à la rosée. Après un pénible voyage, il arrive aux portes de Rome et il apprend que la peste désole le pays. Les pestiférés meurent abandonnés par leurs parents eux-mêmes, que la peur affole. Son cœur saigne à ce triste spectacle. Bravant la contagion, il visite les malades, s'installe à leur chevet. On se dispute son assistance ; car la ferveur de ses prières, suppléant à l'inefficacité des remèdes, apporte la guérison. Il ressuscite les mourants par le signe de la croix. Son dévouement triomphe du fléau.

Mais, triste récompense de cette abnégation charitable, la fatale maladie le terrasse à son tour. La fièvre fait claquer ses dents et ses membres refusent de le porter. Alors, il appelle vainement à son secours. Personne ne répond à son cri de détresse. Un jour qu'il s'est aventuré à mendier un morceau de pain, on l'a chassé à coups de flèches et il a été blessé à la jambe. Il se traîne avec peine le long des chemins, sans gîte pour reposer son corps meurtri.

A la fin, il se couche dans une cabane abandonnée, ouverte à tous les vents. Il souffre de la faim autant que de la maladie et de sa blessure. Il se sent défaillir. Ses yeux se ferment à la vie lorsqu'un ami inespéré se révèle. Humble et pitoyable témoin de cette douleur solitaire, un chien lui apporte l'aumône de son amicale assistance. De sa langue, la bonne bête caresse les plaies sanglantes ; son œil sourit au désespoir de l'abandonné ; puis elle va lui chercher à manger. Chaque jour, elle lui apporte du pain. Le mal cède à ces soins attentifs. Les forces reviennent. Le voyageur peut se remettre en route et regagner son pays. Cependant, vaincu par les épreuves, il est méconnaissable lorsqu'il rentre dans sa ville natale. Sa misère haillonneuse le fait repousser par sa famille à qui il tend la main. Pour s'en débarrasser, son oncle le jette en prison ; et il meurt sur la paille.

SAINTE RADEGONDE

Dès que la cloche du couvent a jeté dans l'air matinal le dernier appel de l'*Angelus*, la porte de la maison des Dames Noires s'entr'ouvre. Une ombre s'en échappe et glisse, silencieuse comme une aile d'ange, dans la rue encore déserte. Radegonde, fille de pauvreté, les yeux fixés sur une dernière étoile, chemine, ainsi que le berger de Bethléem, cherchant Jésus.

Un sanglot l'arrête. Dans la boue du chemin, une lépreuse traîne l'horreur fétide de ses humeurs sanglantes. Rebut douloureux sans asile et sans espoir, ce cadavre vivant se cache à l'approche d'un pas humain. Mais la *sœur du bon Dieu*, la Dame de Charité, se penche comme pour cueillir une fleur au doux parfum. Sa main se promène amoureusement sur les écailles putrides de cette face tuméfiée et suintante. Son cœur, débordant d'affectueuse compassion, se trahit par le rayonnement de ses traits angéliques. « Dieu le veut! » crie cette âme ardente. Et ses lèvres se collent à la peau livide dans un héroïque baiser de paix. Sublime inspiration! Les plaies se cicatrisent; les écailles tombent; les yeux fermés se rouvrent à la lumière. La lèpre est guérie.

Sainte Radegonde est la patronne de la ville de Poitiers, qui conserve pieusement la mémoire des lieux où elle vécut sa sainte vie de religieuse. Radegonde avait été reine, prise pour femme par le roi Clotaire. Triste royauté, pareille à celle que Pyrrhus offrit à Andromaque. Elle n'avait pu se décider à devenir l'épouse de l'ennemi et du meurtrier de son père, qui l'avait enlevée avec le butin de la victoire. Le cloître fut son refuge. Il fut aussi la gloire de sa vie.

SAINT VINCENT DE PAUL

La terre est gelée et le vent est froid. Monsieur Vincent jette sur son dos son grand manteau et, comme la nuit vient, le voilà parti. Il est fatigué ; il traîne la jambe, car elle est encore meurtrie pour avoir porté le boulet d'un forçat, dont il a pris la chaîne à Toulon quand il visitait les galères. Et puis, l'âge vient. Voilà bien des années qu'il travaille à son œuvre de charité. Déjà il a droit d'en être fier, s'il compte les missionnaires qui, à son exemple, vont prêchant partout la bonne parole ; si, surtout, il considère le zèle infatigable de ces *Dames de la Charité* dont il est le chef et le père. Sa bouche sourit dans sa barbe grisonnante et son dos, un peu voûté, disparaît lentement de ruelle en ruelle. L'instinct de son cœur l'a conduit dans un faubourg où son pas retentit, solitaire, dans le silence du crépuscule, en ce commencement de nuit d'hiver. Tout d'un coup, l'appel plaintif d'un vagissement lui fait tendre l'oreille. Dans l'ombre qui emplit la voûte d'une vieille porte, ses yeux rencontrent un enfant de quelques jours à peine, qu'une mère sans cœur a abandonné là. Hélas ! le bon Monsieur Vincent sait trop que, bien des fois déjà, le guet a ramassé de ces orphelins dont les parents ne sont pas morts. On les porte à la *Couche*, pitoyable asile où une vieille mégère est censée les élever ; mais, faute de soins, elle les laisse mourir ; ou bien elle les vend pour quelques sous à des gens indignes, par qui ils sont maltraités, quelquefois estropiés. Monsieur Vincent a enveloppé le pauvre petit dans son manteau et il presse le pas. Dans la petite maison de La Chapelle où se réunissent les filles de la Charité, Mme Legras et ses auxiliaires dévouées attendent leur directeur qui, chaque soir, leur trace la pieuse besogne du lendemain. Comme lui, les saintes femmes béniront cet ange envoyé par le bon Dieu. Il jouit déjà de leur compassion empressée et sa pensée ravie enfante une *œuvre* nouvelle, lorsqu'il est douloureusement éveillé de son rêve.

Voici, cette fois, une fillette de quatre à cinq ans, accroupie contre une borne, les yeux clos et bleue de froid. Sous la caresse de l'ami inconnu, elle s'éveille comme d'un songe ; elle conte que sa mère, qui n'avait rien à lui donner à manger, l'a perdue et que, lasse d'errer, elle s'est laissée tomber ici. « Viens avec moi, dit le bon vieillard. Je te réchaufferai et te garderai, moi, puisque ta maman ne veut plus de toi. » Le lendemain, les *Dames de la Charité* écrivaient sur leur journal : « Hier, Monsieur Vincent est arrivé, à onze heures du soir, transi de froid. Il nous a apporté deux enfants. Au premier, qui n'a que dix jours environ, nous avons donné une nourrice : l'autre apprendra bientôt le catéchisme. Nous les aimons bien tous les deux. »

L'*Œuvre des Enfants Trouvés* était fondée. « Mesdames, avait dit saint Vincent de Paul, la compassion et la charité vous ont fait adopter ces petites créatures pour vos enfants : vous serez leurs mères selon la grâce, puisque leurs mères selon la nature les ont abandonnées. »

SAINT YVES

Le petit bonnet carré fièrement campé sur l'oreille, Yves Héloury de Kervarzin, recteur de Tréguier, s'en va, par la lande grise semée de fleurs d'or, vers la chapelle où, chaque jour, son ministère le conduit pour perpétuer le divin banquet eucharistique. A sa vue, les têtes se découvrent, les mains se tendent. Son âme rayonne dans une amicale et paternelle expansion. Il répète volontiers comme Jésus : « Venez à moi, vous qui êtes dans la peine et dans la souffrance. » Et on vient à lui sans détour, comme des enfants se serrent contre la poitrine de leur mère.

Aujourd'hui, voici deux plaideurs. Le premier est un gros bourgeois à la mine rubiconde, d'allure dégagée et sans-gêne, dont l'opulence se traduit par des bijoux et des vêtements trop riches : un de ces hommes pour qui la porte du ciel est aussi étroite que le trou d'une aiguille pour un chameau. L'autre client, au contraire, humble et timide à l'excès, hasarde sa requête d'une voix tremblante et sourde. De misérables haillons dissimulent mal sa nudité grelottante, que fouette la bise. Ses jambes engourdies flageolent et sa langue s'embarrasse. Il conte qu'il est malade, que, ses bras se refusant au travail, il n'a pu payer son créancier que voilà et que celui-ci l'a jeté à la porte de sa chaumière. Il répète doucement, les larmes dans la voix : « Justice, justice, mon bon Père Yves. » Alors, l'homme au cœur dur s'approche d'un air patelin et, tirant de sa poche un gros sac d'écus, il le glisse dans la main de son juge. De même que la foudre, tombant sur une meule de paille sèche, allume un soudain et violent incendie, de même cette aumône outrageante fait flamber la colère de l'honnête et bon pasteur. « Méchant, dit-il, va trouver Judas avec ta bourse maudite. Le serviteur du Seigneur est là pour défendre et non pour trahir ces enfants élus du Père qui vont, comme vêtus d'un manteau royal, avec la sainte et divine parure de la Pauvreté. Va, et rends sur l'heure son foyer à ce malheureux. Sinon, je l'accompagnerai, moi, Yves Héloury, devant le tribunal de monseigneur le duc de Bretagne. Je serai son avocat ; car Yves de Kervarzin est l'avocat de Jésus. Viens à moi, toi, mon fils. » Et, appuyant sa main tutélaire sur l'épaule de son humble client, il invoque du geste la Justice éternelle du bon Dieu.

Par toute la campagne que dore le genêt, sur toute la côte où déferle la vague grise de la mer d'Armorique, le nom de saint Yves rallie les cœurs dans une prière confiante et familière. Sous les arceaux fleuris des cloîtres trégorois, la gaieté blanche des guimpes et des cornettes se mêle à la sévérité rigide de la robe noire du *cloarec*. Et la voix du peuple breton, à genoux sur la dalle où repose son patron, crie son cantique national : « Il n'y a pas en Bretagne, il n'y a pas dans le monde un saint plus saint, plus puissant que saint Yves. »

SAINT SÉBASTIEN

Dans la mélancolie douteuse de la fin du jour, deux femmes en deuil passent sur la route. L'une est la veuve d'un légionnaire qui a été étranglé par les lions, au Colisée, parce que l'Empereur a appris qu'il était affilié aux sociétés secrètes du Transtévère. Toutes deux sont chrétiennes. Le sang des martyrs, sans abattre leur zèle, assombrit leur pensée. Elles causent à voix basse, comme si les herbes du chemin ouvraient sur leurs pas des oreilles suspectes. Elles disent : « Dieu nous prépare des épreuves nouvelles. Le chef de la milice a découvert que beaucoup de ses hommes sont des nôtres. On a surpris des propos de corps de garde, et on veille. Il faut un nouvel exemple. Sébastien devrait prendre garde. On a l'œil sur lui. Loin de se cacher pour fréquenter nos assemblées, il donne rendez-vous à ses amis au tombeau de Calixte et, dans son ardeur d'apôtre, il expose notre petite église aux visites indiscrètes et dangereuses de nos ennemis. Quelque jour, il se fera arrêter. »

Arrêté, en effet, il l'a été et, ce cadavre, au pied d'un chêne, c'est le sien. Une nuée de flèches lui a percé la poitrine, le ventre et tous les membres. Le sang s'est écoulé par vingt blessures ; et l'armée des assassins est partie contente de son œuvre. La main de l'amie s'approche désespérément de ce corps rigide et exsangue. Une voix mouillée de larmes bégaie un adieu résigné. Elle prononce : « Que votre volonté soit faite, mon Dieu ; et non la nôtre. » Le doigt, qui a clos les paupières du martyr, les bénit du signe de la croix lorsque, pareil à une timide fumée qui s'échappe d'un foyer mal éteint, un souffle imperceptible passe sur les lèvres décolorées. Avec la foi confiante des sœurs de Béthanie, les deux femmes à genoux prient : « Seigneur, ordonnez que cet homme vive pour glorifier votre nom. » Et, exaltées par le miracle qui s'opère, elles tirent une à une les flèches, pansent les blessures. Soudain, Sébastien ouvre les yeux. Un sourire illumine sa figure et, comme subitement éveillé d'un rêve, il articule dans un victorieux effort : « Mon Père, pardonnez à ces gens, car ils n'ont pas su ce qu'ils faisaient. »

De même que saint Hubert est le patron des chasseurs, saint Sébastien est celui de la famille, moins nombreuse mais bien vivante, des tireurs d'arc. Ce jeu, qui nous vient de nos pères, de nombreuses sociétés, issues de corporations anciennes, en maintiennent la tradition dans toute la France du Nord. L'image de saint Sébastien est l'emblème vivace des *nobles chevaliers*, dont la flèche, aujourd'hui pacifique, évoque le souvenir de notre première milice nationale.

SAINT REMI

Saint Remi était archevêque de Reims au temps où la Gaule fut conquise par les Francs. Au lendemain de sa consécration, il avait vu le pays envahi par les Barbares et l'autel du Dieu fait homme menacé par ces nouveaux maîtres. Sa pieuse sollicitude avait tremblé pour son église. Mais, la femme, qui écrasa la tête du serpent, fut encore une fois l'instrument de la volonté divine. Clotilde, l'épouse de Clovis, était chrétienne. Lui demeurait fidèlement attaché à la religion de ses ancêtres. Mais, un jour de bataille, comme la victoire hésite, il invoque le *Dieu de Clotilde* et promet de recevoir le baptême s'il est vainqueur. Son vœu est exaucé : les ennemis, mis en déroute, s'enfuient.

A cette nouvelle, saint Remi jette au ciel un *Te Deum* triomphal et, mitre en tête, crosse en main, il part recevoir le roi. Ame ardente et naïve, Clovis fond en larmes à la vue du cortège sacerdotal. Il s'agenouille dans la poussière de la route, prend la main de l'évêque et la porte sur son front tremblant. Il balbutie : « Mon Père. » Comme saint Remi, ravi et surpris par la fièvre du néophyte, promène autour de lui des yeux incertains, son regard se porte sur la petite rivière qui serpente dans la prairie et son esprit transporté voit le Jourdain où Jean baptisa Jésus. Clovis se dépouille de ses vêtements et pose ses mains sur sa poitrine en signe d'humilité. Le doigt de l'évêque se lève pour la bénédiction. Mais l'oraison s'arrête sur ses lèvres interdites. Car, à ce moment, une colombe blanche descend du ciel, portant une ampoule dans son bec, et la dépose dans la main qui prépare les onctions rituelles. Frappés par ce nouveau et singulier miracle, les autres chefs des Francs, qui hésitaient encore à imiter l'exemple de Clovis, suivirent leur roi dans l'eau du baptême.

La sainte ampoule fut conservée dans l'église du Reims. La tradition la fit servir, pendant le cours de notre histoire nationale, au sacre de tous les rois de France.

SAINTE MADELEINE

Un douloureux exode a conduit sur la côte de Provence Marie-Madeleine, l'amie tendre et dévouée de Jésus. Visionnaire confiante, elle a promené sur la terre du miracle l'assurance triomphante des révélations surnaturelles. Mais, aujourd'hui, son apostolat est fini. Elle ne veut plus vivre parmi les hommes. Comme une bête blessée se cache pour mourir, Madeleine fuit le monde et cherche Dieu tout seul. La lande déserte, la roche aride et inhospitalière sourient à son rêve mélancolique. Dieu lui semble ici plus près d'elle.

Et en effet, soir et matin, quand la faim parle à ce corps et lui fait sentir le lien qui l'attache encore à la terre, des ailes d'anges emportent doucement au Ciel l'élue du Seigneur, pour y goûter une nourriture céleste, et la rapportent ensuite dans son ermitage, radieuse et réconfortée. Les années se succèdent comme la vague succède à la vague, sans marquer leur passage dans cette existence bienheureuse.

Le temps est venu où ses vêtements, tombés en loques, ont découvert la nudité de la créature encore humaine. Ses cheveux ont poussé très longs et très épais. Ils cachent la poitrine, sur laquelle ils forment une chaude toison ; puis, ils sont descendus le long des jambes, qui en sont enveloppées. Madeleine regarde croître ce vêtement soyeux et doré ; et elle pense au jour, lointain déjà, où, prosternée devant Jésus, elle essuya, avec ces mêmes cheveux, les pieds de son divin ami, après avoir versé dessus un vase de parfums.

SAINT NICOLAS

Trois petits enfants sont allés glaner dans les champs. La nuit venue, ils ne trouvent plus leur chemin pour rentrer chez eux. En passant par un village, ils voient un boucher qui, sur le pas de sa porte, aiguise un grand couteau : « Boucher, veux-tu nous montrer la route pour aller chez nos parents? — Venez avec moi, mes petits, dit le boucher. » Il les emmène et, les prenant l'un après l'autre dans ses grosses mains, il leur plonge dans la gorge son grand couteau. Les couper en morceaux et les mettre dans le saloir ne fut pas longue besogne. Les parents des petits enfants les cherchaient partout, dans les bois et dans les villages, interrogeant les paysans et les voyageurs. Personne n'avait vu leurs trois petits. A bout d'espoir, ils s'en viennent trouver saint Nicolas. Saint Nicolas devine bien des choses. Il promet de les chercher. Saint Nicolas va droit chez le méchant boucher. « Que voulez-vous, bon saint Nicolas? dit celui-ci en saluant. — Du lard qui est dans ce saloir. » Le boucher tremblant tombe à genoux. Mais saint Nicolas insiste : « Je veux de ce lard, entends-tu? » Il touche du doigt le saloir. Aussitôt, trois petites voix lui répondent : « Bon saint Nicolas, nous sommes là. Nous dormions; nous voici. » Les trois enfants, l'un après l'autre, sortent de la saumure et, se jetant au cou du vieil évêque : « Nous avons bien dormi, disent-ils; nous croyions être en paradis. »